AF232736

MINISTÈRE DE L'INSTRUCTION PUBLIQUE ET DES BEAUX-ARTS

MUSÉE PÉDAGOGIQUE

41, rue Gay-Lussac, 41

SERVICE DES PROJECTIONS LUMINEUSES

NOTICE SUR LES VUES

LE DÉVELOPPEMENT ÉCONOMIQUE DU MAROC

LE MAROC EN 1917

par Marcel et Laurent RIGOTARD

Ingénieurs-Agronomes.

MELUN

IMPRIMERIE ADMINISTRATIVE

1919

La présente notice devra être renvoyée au Musée Pédagogique avec les Vues.

LE DÉVELOPPEMENT ÉCONOMIQUE DU MAROC

LE MAROC EN 1917

On a beaucoup représenté le Maroc comme un
pays mystérieux et fabuleux. Des auteurs littéraires y
ont fait se dérouler des scènes de romans où l'évocation
de la vie arabe donnait un certain caractère attrayant
aux récits qu'ils nous faisaient. D'autres fois, ce sont
de véritables voyageurs géographes qui se sont plu à
nous décrire la vie marocaine, ses mœurs, le pittoresque de la civilisation de ce pays.

C'est un peu plus avant dans le développement du
Maroc que nous allons pénétrer aujourd'hui. Nous
laisserons de côté les caravanes de chameaux, les Arabes
se rendant à la mosquée, les femmes défilant le visage
voilé. Ceci n'est pas tout le Maroc, mais un aspect
seulement de ce pays que par bonheur les amateurs de
couleur locale peuvent voir encore aujourd'hui ; mais,
depuis l'occupation française, nous voyons aussi l'Arabe
confortablement assis dans un wagon de chemin de
fer, parlant plus ou moins français, à moins que, riche

« caïd », c'est-à-dire chef d'une ville ou d'une tribu, il ne se transporte dans une superbe limousine de vingt-quatre chevaux conduite par un chauffeur indigène vêtu du fez de drap rouge.

Certains notables marocains n'hésitent pas maintenant à faire installer l'éclairage électrique et le téléphone dans leur maison, ils achètent du mobilier européen.

L'indigène des campagnes passe des contrats avec le colon européen pour cultiver, dans de meilleures conditions, de vastes surfaces dont il nous vendra les récoltes. Ces produits du sol, très abondants en certains points du Maroc, sont embarqués pour l'Europe (pour la France surtout depuis la guerre), par un certain nombre de ports que nous allons visiter.

A vrai dire, la partie du Maroc qui se développe beaucoup comprend à peu près exclusivement les ports et quelques centres dans l'intérieur. Là, on suit pas à pas l'essor du Maroc. Dans l'intérieur, ce ne sont encore que villes ou villages très indigènes, des campements de nomades, en somme des contrées dans un état, qui, pour une première visite, nous paraît stationnaire. Ce sont donc surtout les villes de la côte qui vont retenir notre attention.

Sur la carte, vous voyez ces ports sur la côte de l'Atlantique, dans la zône française du Maroc. — Les environs de Tanger constituent en effet une zône international. La côte méditerranéenne, de même que celle de l'Atlantique jusqu'au sud de Larache, sont dans la zône espagnole. — Les principaux ports en zône française sont, du nord au sud : Kénitra, Rabat, Fédhala, Casablanca, Mazagan, Safi, Madagor. Nous allons les visiter successivement, et ensuite nous ferons un tour dans les trois centres principaux de l'intérieur qui sont Fez, Meknès, Marrakech.

Kénitra. — Petit port qui se développe bien et qui dessert la grande plaine du Sbou, région sur laquelle on fonde des espérances très grandes pour l'agriculture. A Kénitra il est question d'installer un entrepôt frigorifique pour conserver les viandes que l'on nous enverra ensuite en France en grande quantité.

La population de cette ville dont le port a été commencé en 1912 est de 3.500 habitants environ. Le port importait en 1916 vingt mille tonnes de marchandises valant quatorze millions de francs. Il exportait 2.400 ton. valant un million.

Rabat-Salé. — Port des plus importants, Rabat est notre capitale administrative.

N° 1. — Port de Rabat, une vue intérieure.

Nous voici à Rabat. Cette photographie représente un coin du port. Vous voyez qu'il est organisé avec des quais, des grues à vapeur, et cette immense muraille crénelée est une ancienne forteresse indigène. — Se profilant sur l'horizon, à gauche, la Tour Hassan, que nous verrons mieux dans un instant.

Nº 2 et 4. — Rabat, la Casbah des Oudaïas.

(Sur le cliché [4] on aperçoit des cigognes perchées sur les murailles).

Construite sur un promontoire à l'entrée de l'estuaire du Bou Regreg. En face se trouve la petite ville indigène de Salé, et à quelques kilomètres seulement, l'immense forêt de chêne-liège de Mamora (plus de 100.000 hectares).

Nº 3. — La Tour Hassan, à Rabat.

Voici la Tour Hassan et les ruines de la grande mosquée de Hassan. Cette Tour est déjà bien connue (elle est gravée sur les timbres-poste du Maroc). Je la montre pour attirer l'attention sur l'habileté des architectes qui l'ont construite : haute de près de cinquante mètres, on y monte, non par un escalier, mais par un plan incliné intérieur, sorte de couloir dont le sol est en pente douce, coupé par des paliers aux quatre angles, formant autant d'étages. Du sommet on contemple le pays environnant Rabat, la côte et la mer, jusqu'à de très grandes distances.

Nº 4. — Constructions arabes. Une maison.

Au premier plan, cette vue prise *dans l'intérieur de la Casbah des Oudaïas* nous montre une petite maison marocaine. C'est la maison très simple d'un indigène pauvre, comme il y en a beaucoup — le plus grand nombre même des maisons est comme celle-ci. Le toit est une terrasse recouverte de terre battue d'où l'eau filtre quand il pleut un peu trop.

Sur les murs visibles dans le fond de la photographie, qui sont les murs en ruines d'anciens palais indigènes, on aperçoit quelques cigognes perchées.

Nos cigognes d'Alsace passent leur hiver au Maroc, et elles aiment tant la France que depuis la guerre elles ne retournent plus en Alsace ; elles semblent attendre que les barbares allemands en soient partis, elles restent toute l'année au Maroc.

Toutes ces maisons arabes sont construites en terre ; c'est ce qui explique que l'on trouve au Maroc tant de maisons et de palais en ruines ; de plus, la terre étant facile à travailler pour faire des murs, on a construit autour de toutes les villes des enceintes qui ont des kilomètres de tour. Il fallait se protéger des invasions de brigands nomades qui pillaient tous les ans les villes du Maroc avant que nos forces militaires y fussent installées pour maintenir l'ordre.

Rabat est une ville très commerçante ; elle était déjà, avant l'occupation française, une ville où se faisaient beaucoup d'affaires entre les représentants de maisons européennes et les indigènes, les marchands marocains.

N° 6. — Salé ; une porte de la ville de Salé.

Sla ou Salé, une annexe de Rabat située de l'autre côté du fleuve Bou Regreg, sur la rive droite, est une ville très industrieuse. On y voit de nombreux ateliers où les indigènes fabriquent des babouches (ces chaussures de cuir que le Maroc exporte dans toute l'Afrique du Nord et au Sénégal), les sacs de cuir aux broderies multicolores, et ornés de lanières en franges, les nattes de jonc tressé, les objets de cuivre ciselé, des tapis réputés, « les tapis de Salé. »

Rabat est une des cinq anciennes capitales impériales du Maroc. C'est donc un très grand centre avec son faubourg Sla. Ces deux villes comptent ensemble plus de cinquante mille habitants, dont cinq mille français, 42.000 musulmans, 4.000 israélites.

Une gêne sérieuse au fonctionnement de ce port de Rabat est constituée par la « barre » qui met obstacle à l'entrée des navires dans l'estuaire : les opérations d'aconage sont difficiles en hiver. D'ailleurs seuls les navires ayant moins de trois mètres de tirant d'eau peuvent accoster.

Vers le début de l'occupation française, en 1911, l'importation par Rabat se montait seulement à 6 millions et demi de francs et l'exportation à 1.300.000 francs. En 1916 furent apportées 27.000 tonnes de marchandises valant 32 millions de francs. On en a exporté 3.700 tonnes valant plus de 3 millions.

Depuis l'occupation française, l'importation à Rabat a donc quintuplé ; l'exportation est deux fois et demie ce qu'elle était.

Fédbala. — Petit port nouvellement créé dans un endroit bien abrité de la côte. C'est un port de pêche renommé déjà, qui importe et exporte chaque année deux à trois mille tonnes de marchandises.

Des armateurs français y ont installé une sécherie de poissons qui est une source de prospérité pour toute la côte voisine.

Casablanca. — La grande ville européenne principale dont nous reparlerons. C'est le port le plus important du Maroc. Rien ne saurait donner une idée plus juste de l'accroissement de ce port que quelques chiffres de statistique.

En 1900 Casablanca	importait pour	7.267.000	francs.	
—	—	exportait —	9.897.000	—
En 1910	—	importations :	14.570.000	—
—	—	exportations :	9.740.000	—
En 1912	—	importations :	40.181.000	—
—	—	exportations :	23 084.000	—
En 1916	—	importations :	85.000.000	—
—	—	exportations :	21.000.000	—

En 1916 l'importation comprenait plus de cent vingt mille tonnes de marchandises valant plus de 85 millions de francs; l'exportation, 80.000 tonnes valant plus de 21 millions.

De 1910 à 1916 les importations ont donc sextuplé, les exportations plus que doublé.

L'accroissement prodigieux de son commerce prouve que Casablanca est destiné à devenir un des plus grands ports de la côte Atlantique africaine ; on pense qu'il sera en relations de plus en plus étroites avec l'Amérique et les grandes nations d'Europe.

La population, dont les deux tiers sont composés d'indigènes, ne tardera pas à atteindre cent mille habitants.

Le port lui-même sera fermé par une jetée de 1900 m. de longueur, dont la construction est très avancée. Les navires de dix mètres de tirant d'eau pourront s'y abriter. Les plus grands cargos et courriers auront alors la possibilité de décharger et de charger à quai, au lieu de rester au loin en rade, ce qui oblige à prendre le large dès que le mauvais temps s'annonce, afin d'éviter d'être jetés à la côte.

C'est un port créé presque de toutes pièces pour la commodité du débarquement des troupes, au début de l'occupation, et il s'est développé subitement, simplement pour cette raison.

N° 7. — Mazagan.

Autre point important de la côte, d'où s'exporte une grande partie des céréales. La rade de Mazagan est relativement abritée, on peut y embarquer et débarquer facilement même en hiver.

Mazagan a importé, en 1916, 16.000 tonnes valant 16 millions, et exporté 65.000 tonnes valant plus de 21 millions; en 1910, l'importation était seulement de 6 millions de francs et l'exportation de 7 millions.

Le développement de cette petite ville de 15.000 habitants, dont 11.000 musulmans, est constant, mais on comprend que le voisinage de Casablanca, à moins de cent kilomètres, a nui à son essor.

Saffi. — « La côte de Saffi est une falaise circulaire que domine, au nord, le cap Saffi avec les ruines d'une ancienne vigie portugaise ; la ville se dresse sur un éperon qui descend rapidement vers la mer du plateau d'Abda.... A mon sens, Saffi est la plus jolie cité marocaine de la côte ; je laisse de coté Mogador, « qui n'est qu'une fantaisie européenne sur un thème marocain » (Eugène Aubin).

Si le pittoresque frappe le voyageur, l'activité économique de cette ville n'est pas moins digne d'attention. Les chiffres, dans leur brutalité, en témoignent.

En 1911, Saffi importait pour huit millions et demi de francs et exportait pour treize millions et demi.

En 1916, les chiffres correspondants sont 12 millions et demi et 12 millions.

L'exportation porte sur d'énormes quantités de céréales : orge, blé dur, maïs, récoltées dans les riches territoires des Abda, de laines, de peaux de mouton et de chèvres, de graines de lin.

La population de Saffi dépasse 20.000 habitants, dont 17.000 musulmans.

Des améliorations notables au petit port actuel sont projetées ou en cours d'exécution.

Mogador. — C'est le port du sud marocain. Il a importé en 1916, 13.000 tonnes de marchandises, valant 16 millions de francs, et exporté 16.000 tonnes valant plus de 8 millions.

En 1910, l'importation et l'exportation étaient chacune d'environ sept millions seulement. La ville compte 20.000 habitants. La rade est assez sûre, elle aurait des tendances à s'ensabler.

Au total, ces ports en zône française ont importé, en 1916, 210.000 tonnes de marchandises, valant près de 180 millions de francs, soit quatre fois plus qu'en 1910. Cela représente la charge de cinq cents trains de chemin de fer chargés de charbon, de ciment, de fer pour les constructions, de bois aussi, car bien des maisons du Maroc sont construites avec des planches de sapin de Norvège ; des machines, des automobiles, et beaucoup de sucre, des tissus de coton, du thé et des bougies sont aussi apportés en abondance.

Le thé est en effet la boisson nationale des Marocains :

c'est une remarque très importante, car, dans les autres pays de l'Afrique du Nord, Algérie et Tunisie, c'est le café qui est la boisson préférée. Le Marocain, lui, ne consomme que du thé, très sucré, auquel il ajoute quelques feuilles de menthe pour le parfumer. Ce thé est fourni par des commerçants anglais.

On importe aussi beaucoup de pétrole et d'essence, des vins, des conserves alimentaires, du lait concentré, enfin des objets manufacturés divers.

Du Maroc on exporte surtout du blé, de l'orge, du maïs, des peaux et des laines, des œufs, des amandes et des graines diverses : fèves, pois chiches, etc ; quelques objets de cuir, des tapis, des broderies, des plateaux et divers objets de cuivre.

Après ce coup d'œil d'ensemble sur le mouvement commercial du Maroc et ses principaux ports, visitons quelques centres avec plus de détails.

Nº 16. — Navires en rade de Casablanca.

Voici, en rade de Casablanca, six ou sept grands navires. Il en arrive et il en part à peu près un tous les jours, et chaque navire emporte souvent le poids de marchandises et le nombre de voyageurs que dix trains de chemin de fer auraient peine à transporter.

Ceci donne une idée de l'importance du mouvement commercial de ce port.

Nous allons jeter un coup d'œil sur les environs de Casablanca, avant de visiter les principales villes du Maroc.

Nº 15. — Dunes du rivage à Casablanca.

Voici le rivage de sable bordé de dunes, comme il y en a en France le long du golfe de Gascogne. Ces dunes ne s'étendent pas au loin dans l'intérieur, et le vent n'en transporte pas beaucoup le sable à de grandes distances comme cela se voit dans d'autres pays. Elles longent une grande partie de la côte.

N° 8. — **Le phare et le promontoire d'El Hank.**

Cette magnifique tour blanche de cinquante mètres de haut, que l'on aperçoit de loin en mer avant de débarquer, vient d'être bâtie sur un rocher de grès qui s'avance dans la mer au sud de Casablanca.

Ce phare rend les plus grands services aux navigateurs grâce à la puissance de ses feux.

N° 9. — **Environs de Casablanca.**

Prairies bordant un marais.

Dans les vallées, d'assez riches prairies s'installent. Au milieu de la vallée souvent se trouvent des marécages. Ces fleurs blanches sont celles de la renoncule aquatique, extrêmement abondante.

N° 10. — **Troupeaux au pâturage.**

N° 11. — **Vers le camp des Tirailleurs sénégalais.**

N° 12. — **Puits et Noria.**

N° 14. — **L'Oued Bouskoura et Jardin de la Société d'Horticulture du Maroc.**

Les environs de la ville sont très bien exploités ; toutes les terres qui sont bonnes pour le travail de la charrue

sont semées en céréales, blé, orge surtout, qui viennent
très bien au Maroc.

Les endroits un peu pierreux sont couverts de pâturages où paissent de nombreux troupeaux de très jolies
bêtes bovines, bonnes laitières, de moutons où de porcs.
Près des « oueds » (ruisseaux), de nombreux jardins
potagers alimentent la ville de Casablanca en légumes.

Pour donner une idée de l'importance de l'agriculture
au Maroc, disons que ce pays possédait en 1916
(Maroc occidental et Maroc oriental réunis, c'est-à-dire
les deux parties du Maroc réunies par la « Trouée » ou
le « Couloir » de Taza) :

Chameaux	84.118	têtes
Chevaux	95.544	—
Mulets	42.420	—
Anes	250.869	—
Bovins	877.640	—
Ovins	4.715.371	—
Porcins	29.116	—
Caprins	1.311.004	—

Le cheptel d'ailleurs varie dans d'énormes limites
suivant que la sécheresse ou la pluie font régner la
famine où l'abondance de la nourriture dans les pâturages. L'indigène consomme beaucoup de viande, quand
ses moyens lui permettent d'en acheter. Le pain d'orge et
de blé, les fèves, les pois chiches, les olives et les nombreux légumes qu'il cultive avec beaucoup de soin dans
ses jardins irrigués constituent l'alimentation essentielle
des Marocains. Il faut y ajouter quelques fruits : les
figues, les oranges, les mandarines, les grenades et les
dattes. Les dattes ne se récoltent que dans l'extrême-
sud du Maroc.

LES VOIES DE COMMUNICATION — PISTES, ROUTES, VOIES FERRÉES

N° 13. — En auto sur une piste.

De la ville de Casablanca, port où l'on débarque généralement lorsqu'on se rend au Maroc, partent un grand nombre de routes ou de pistes et deux lignes de chemin de fer.

Ces routes sont un des chefs-d'œuvre du protectorat de la République française au Maroc. Exécutées rapidement avec les ressources de la technique moderne, elles relient toutes les villes importantes.

De Casablanca une route monte au nord à Rabat-Salé, et de là à Fez, puis Taza et Oudjda. Une autre se dirige vers Marrakech ; une autre vers Mazagan, et son prolongement se dirige vers Saffi et Mogador ; d'autres enfin, vers le centre du pays.

On peut se rendre à peu près partout en automobile: ce sont des autos qui font la poste et transportent les voyageurs dans des conditions avantageuses comme vitesse et comme confortable.

Quand les routes ne sont pas terminées, on passe souvent sur d'anciennes pistes à caravanes, mais le sol de ces pistes est facilement ramolli par la pluie, les voitures risquent de s'y embourber: la photographie en témoigne. L'accident n'est pas grave, car les voitures voyagent presque toujours deux ensemble, et portent une grande corde pour se tirer mutuellement en cas de besoin D'ailleurs les indigènes de passage ne font aucune difficulté pour pousser le véhicule. Ces incidents désagréables deviennent de plus en plus rares, puisque le réseau des routes s'accroît de plus en plus.

N° 14*bis*. — Le chemin de fer de Rabat-Salé à Fez.

Vue d'une gare (la gare de d'Oued Frah). Une grande ligne de chemin de fer à voie étroite, construite rapidement par le génie militaire, relie Casablanca à Rabat et à Fez.

De Casablanca à Rabat il y a près de cent kilomètres, et de Rabat à Fez près de deux cent cinquante kilomètres.

Jusqu'en 1918 on effectuait normalement en deux jours le voyage de Rabat à Fez. On couchait en cours de route à Aïn Djemma. Actuellement un jour suffit, et, comme on met environ cinq jours pour aller de Paris à Casablanca, cela fait à peu près une semaine seulement pour un voyage de Paris à Fez (via Casablanca), cette ancienne capitale du Maroc, si souvent décrite et vantée par les écrivains, et où l'européen ne pénétrait que grâce à des protections très spéciales, après un long voyage à cheval ou à dos de mulet, avec Tanger comme point de départ. On peut même aller plus vite, en traversant l'Espagne jusqu'à Algéciras et rejoignant Fez, de Tanger, en automobile.

Voilà donc ce mystérieux et impénétrable Maroc, « ce sombre Moghreb », déjà bien pourvu de routes, de chemins de fer, à voie étroite, il est vrai, de lignes télégraphiques et téléphoniques. C'est l'œuvre des Français de ce corps d'occupation qui a si bien exécuté les plans d'organisation conçus par le général Lyautey, résident général de France, d'accord avec les autorités indigènes, et qui a réussi à faire respecter, aimer et apprécier la France, dans ses armées, ses fonctionnaires, ses colons, ses industriels, et ses méthodes de travail.

Le Marocain, très intelligent, industrieux, s'est vite adapté à notre organisation, il va même quelquefois jusqu'à nous reprocher de ne pas aller assez vite. Et cependant tout Français qui se rend au Maroc est stupéfait de tout ce qu'il voit réalisé après seulement quatre ou cinq années d'occupation effective.

Nº 17. — L'autrucherie de Meknès.

Meknès, située sur le parcours de Salé à Fez, possède une des curiosités du Maroc : un troupeau d'autruches conservées dans un parc d'élevage spécial, par les soins de l'administration française. Ce troupeau a pour origine un couple donné par un Arabe du sud au Sultan Moulay Abdallah (1727-1757) ; il a compté jusqu'à 112 têtes ; il en compte maintenant 32, non compris les jeunes. La ponte annuelle atteint un millier d'œufs, mais tous ne peuvent être couvés. Le parc de Meknès est la seule autrucherie de l'Afrique septentrionale.

Les autruches se nourrissent d'herbes dans la prairie, qui est en ce moment (au mois de février) couverte de paquerettes en fleurs. On leur donne également de la luzerne, de l'orge.

L'autruche n'était pas un animal très rare au Maroc ; malheureusement ses belles plumes, recherchées par les chasseurs, ont causé sa perte, et il ne restait au Maroc à notre arrivée que ce troupeau que le Sultan gardait pour offrir quelques plumes à ses amis.

A soixante kilomètres de Meknès, nous voici à Fez, la grande ville indigène, où, sur cent mille habitants, on ne compte guère qu'un millier d'Européens.

La ville est bâtie entre des collines couvertes d'oliviers, elle est arrosée par une jolie rivière « l'oued Fez » qui forme tout près de son enceinte des cascades bruyantes et dont on a dérivé une partie des eaux pour actionner des moulins dans la ville, alimente des fontaines nombreuses dans les rues et dans les maisons.

N° 18. — Intérieur du Collège musulman à Fez.

La photographie représente la cour intérieure, dallée de marbre et de mosaïque. Au milieu, un petit jet d'eau sort d'une vasque de marbre, en chantant pour distraire et rompre le silence : ces fontaines sont comme vivantes dans les cours silencieuses de ces palais marocains, où ceux qui les habitent ne font pas de bruit, car ils marchent lentement, pieds nus, ou chaussés de babouches légères, et on ne les entend guère causer; quelques mots prononcés à voix basse, peu de gestes, car il est trop fatigant de gesticuler et l'Arabe est paresseux, très paresseux. C'est d'ailleurs sa paresse qui l'a conduit insensiblement presque à la ruine et à l'asservissement sous la domination des Turcs autrefois, des Européens maintenant. Mais il fut un temps, au moyen âge, où il travaillait, étudiait toutes les sciences, la philosophie, les beaux-arts, dans des écoles comme celle-ci, qui vient d'être restaurée, et dont beaucoup, en ruines depuis des siècles, les « medersas », ne sont plus que de beaux monuments anciens.

N° 19. — Intérieur de la Maquina, à Fez.

Ceci est une vue intérieure des ateliers du Sultan. Grande usine construite sur les ordres du Sultan pour fabriquer des armes et des munitions, des monnaies pour son empire.

Actionnés par des turbines hydrauliques on voit se mouvoir des tours perfectionnés, des dynamos pour l'éclairage électrique du palais. Dans un coin, un atelier fond le bronze et l'argent et frappe des monnaies, un autre fait le filage de la soie, un autre imprime. Tous ces ateliers de cette grande usine ont été complétés encore depuis notre arrivée, et ils rendent les plus grands services : on y imprime des livres, on y répare les automobiles. Il est étonnant de voir avec quelle facilité les ouvriers marocains apprennent à construire les pièces les plus compliquées de nos machines modernes.

La vie de Fez est donc celle d'une grande capitale indigène, à laquelle nous apportons nos méthodes de travail ; ce sera bientôt un grand centre industriel et commercial pour les Européens aussi, car une ligne de chemin de fer à large voie réunira Fez à Tanger dans un proche avenir, et, plus tard, à Oudjda, Oran, Alger, Tunis.

———

Allons maintenant à Marrakech, c'est-à-dire dans la capitale du sud. Pour aller à Fez, nous avons parcouru des régions de collines plus ou moins élevées où le chemin de fer avançait lentement. Nous étions dans la région que M. le professeur Gentil a appelée le détroit Sud-Rifain, qui existait à la fin de l'ère tertiaire dans les temps géologiques et remplaçait le détroit de Gibraltar dont l'ouverture est relativement récente.

Pour aller de Casablanca à Marrakech nous allons filer à vive allure, en auto, sur des routes presque droites, dans des plaines immenses.

Nos 27 et 10. — **La plaine à Ben Ghérir.**

Voici une halte de cinq minutes dans une partie dés-
héritée du parcours. Cinq indigènes examinent curieu-
sement auto et voyageurs. Cette région est une grande
plaine de cailloux quartzeux où la végétation est très
rare. Le cliché (10) montre bien l'aridité du terrain
où paissent les moutons. Une partie importante du
trajet se fait à travers des plaines désertiques comme
celles-là, où l'on rencontre très peu de villages, mais
sur la route on dépasse de nombreuses caravanes por-
tant à Marrakech les produits arrivés d'Europe ; elles
en rapportent des oranges, de l'huile d'olive, des plateaux et des vases en cuivre, des poignards à gaine
d'argent ciselé fabriqués dans le « Sous ». A Marrakech nous verrons de très habiles artistes ciseleurs de
métaux et bijoutiers, parce que, dans le sud du Maroc
et dans la vallée du Sous, se trouvent quelques gise-
ments miniers qui fournissent le cuivre et un peu
d'argent.

N° 20. — **La chaîne de l'Atlas,**
l'Oasis et la plaine de Marrakech.
(Vue prise de la colline du Guéliz.)

L'arrivée à Marrakech, en hiver, au coucher du so-
leil, est tout à fait impressionnante. On parvient au sor-
tir d'une petite région de collines, le Djebilet, dans une
immense plaine, le Haouz. Ce qui frappe d'abord,
c'est, dans le fond du tableau, à cinquante kilomètres,
la grande chaîne de montagnes couvertes de neige : le
Haut-Atlas. A peine a-t-on admiré les montagnes, que

l'auto entre dans une oasis de palmiers-dattiers près de laquelle se trouve la grande ville rose. Toute rose est cette grande ville; tous les murs des maisons et les murs d'enceinte sont teints d'un lait de chaux coloré dont l'effet est particulièrement original.

N° 21. — La ville dans la plaine, les remparts et la Koutoubia.

N°° 22 et 23. — Vue de la ville prise de la terrasse de la Bahia (palais du Sultan).

Immense étendue de maisons dont le toit est toujours une terrasse et parmi lesquelles quelques jardins d'oliviers et de palmiers dressent leur verdure. Sur le cliché (23) on aperçoit bien, au premier plan, l'ouverture carrée qui donne jour à la cour intérieure des maisons, dont les différentes pièces sont disposées autour de cet « atrium ».

N° 24. — La Koutoubia.

Voici la Koutoubia, cette haute tour carrée qui est le minaret principal de Marrakech. En avant, sur la place, des indigènes lavent leur linge en le frottant avec les pieds, au bord d'un petit ruisseau.

N° 25. — Intérieur de la Bahia (palais du Sultan).

Un palais du Sultan est une merveille de décoration intérieure. Voici une des chambres dont le parquet est une mosaïque multicolore et dont les murs sont aussi ornés de rosaces de mosaïque faites avec de petits carreaux de faïences vernies blanches, noires, rouges, bleues, jaunes et vertes.

Dans cette ville de Marrakech on rencontre beaucoup de moulins à huile pour le broyage des olives. C'est la production principale à retenir de cette ville, en dehors des fruits et des légumes de ses jardins irrigués soigneusement cultivés.

N° 26. — Palmiers-dattiers à Marrakech.

Voici quelques palmiers-dattiers de la palmeraie de Marrakech. Les dattes mûrissent mal, ou du moins y donnent des fruits de qualité secondaire; les meilleures viennent d'une région plus au sud, du « Tafilelt », notamment.

On peut se demander comment cette grande ville de près de cent mille habitants s'alimente en eau potable dans cette région où l'eau paraît très rare. Les Berbères y ont amené des eaux captées au voisinage de l'Atlas, par de longs aqueducs souterrains qu'on appelle des « Rétharas ». Ces canaux sont très nombreux et distribuent le précieux liquide dans toute la ville et les jardins.

* * *

Bornons ici nos descriptions du pays marocain. Envisageons un instant ce qu'il peut y avoir à faire au Maroc pour un Français qui songe à aller s'y établir.

Bien des gens pensent à y partir pour s'y livrer au commerce ou à l'agriculture. Nous ne parlerons pas des aventuriers peu scrupuleux — hélas! grand est leur nombre au Maroc — qui filent vers les nouvelles colonies pour « y gagner de l'argent » par tous les moyens: ils y arrivent sans qu'il soit besoin de leur donner des conseils.... Mais si vous-mêmes vous songez à y aller, sachez que vous aurez justement à compter avec ces gens de tout acabit, et qu'il y a lieu d'être très prudent dans vos relations.

Le Maroc n'ayant encore aucune industrie, tout est importé: la vie est donc chère, plus chère qu'en France. Si l'on veut y aller pour le compte d'une maison déjà établie, il faut, pour se mettre en route, être assuré par contrat d'avoir un traitement au moins double ou plutôt triple du traitement correspondant au même emploi en France. Si l'on veut y faire du commerce à son compte, il y a lieu d'être encore très prudent, même si l'on est disposé à sacrifier quelques capitaux.

Un excellent moyen de chercher une situation au Maroc est d'y partir d'abord dans l'administration: on est ainsi en possession d'une situation d'attente sûre que l'on garde pendant le temps nécessaire pour étudier les différentes affaires que l'on pourrait entreprendre: on risque beaucoup moins de s'aventurer dans des voies aléatoires. C'est une manière d'agir qui est très pratiquée dans toutes les colonies par les personnes qui n'ont pas de grands capitaux à leur disposition.

Pour ce qui est de l'agriculture, signalons que les entreprises agricoles ne peuvent en général être établies avec profit que sur de très vastes surfaces et dotées de toutes les méthodes modernes de travail mécanique. La main-d'œuvre est en effet rare et chère. Des domaines de cinq ou six cents hectares au minimum doivent être envisagés. Avec des capitaux modestes on a intérêt à se llvrer à la culture maraîchère dans les environs des grandes villes où la consommation des légumes est considérable; c'est très rémunérateur.

L'élevage des animaux donnera certainement des résultats avantageux dès que le Maroc sera suffisamment assuré contre les maladies qui dévastent parfois ses troupeaux: à ce point de vue l'amélioration est déjà considérable grâce à l'existence d'un service vétérinaire très bien organisé qui ne cesse de soigner et de vacciner les animaux toutes les fois que le besoin s'en fait sentir. L'état sanitaire du troupeau a déjà beaucoup gagné depuis l'occupation; aussi, les colons peuvent dès maintenant songer à se diriger vers l'élevage. Dans les environs des grandes villes, la production laitière est intéressante et peut donner des bénéfices intéressants: certaines familles de bétail sont remarquablement laitières, notamment à Meknès.

Rappelons qu'en 1917 le Maroc occidental comptait un million et trente mille bovins. La progression du troupeau des bovidés est la suivante:

1915....................	675.447 têtes
1916	877.640 —
1917	1.030.045 —

En ce qui concerne l'élevage du mouton, signalons qu'il existe au Maroc une race semblable par beaucoup de points à la célèbre race mérinos. C'est dire qu'en ce pays on n'a pas quant à présent à songer à introduire de nouvelles races de moutons.

En 1915 on comptait..	3.175.000	ovins
— 1916 —	—	4.050.000 —
— 1917 —	—	4.289.000 —

Le porc s'élève très facilement au Maroc. Depuis l'occu-

pation française la consommation locale du porc —
nulle avant, puisque le Coran interdit aux musulmans
de consommer sa viande — est devenue très importante
Les indigènes, auxquels cet élevage ne répugne pas
autant que dans d'autres pays de l'Afrique du Nord, se
sont mis à élever de nombreux troupeaux de porcs qui
paissent dans les pâturages, près des grandes villes
surtout.

Enfin, pour en finir avec cet aperçu sur ce qu'on peut
faire au Maroc, signalons que les petits artisans de
divers corps d'état (charrons, menuisiers, plombiers
etc..) semblent réussir assez bien dans les centres où il
y a suffisamment d'Européens. Un bon ouvrier pos-
sédant bien son métier a bien des chances de réussir à
se créer une situation assez intéressante au bout de quelques années.

Après ce coup d'œil sommaire sur le Maroc, sur le
développement de son commerce et de son outillage
économique, de son agriculture, concluons que ce pays
musulman est très avancé dans sa civilisation, telle-
ment même qu'il s'est cru plus longtemps que les autres
pays de l'Afrique du Nord capable de résister à toute
pénétration européenne et de vivre seul. Il est de fait
qu'il parvenait à se suffire à lui-même ; cependant, il
ne pouvait sans l'industrie moderne aspirer à tout le
développement qu'il entrevoit aujourd'hui et dont il
commence à apprécier les avantages. De plus, s'il n'avait
pas accepté la protection de la belle et noble nation
organisatrice qu'est notre France, il se serait vu bientôt sous la domination déguisée et traîtresse de la per-
fide Allemagne. C'est pour cela qu'il faut se réjouir que
les jeunes Marocains soient nos amis, et ils l'aiment
déjà beaucoup, cette France dont ils vous disent, avec

un sourire dans les yeux : « Jolie, France, moi je ne la connais pas, mais des tirailleurs me l'on dit. Ah ! jolie, jolie !..... »

Et de même vous entendez dire souvent par les Marocains de Casablanca : « Avant l'arrivée des Français nous étions tous les ans pillés par des bandes venues du fond du bled.....Ils venaient tous les ans attaquer la ville, il fallait tout leur donner ce qu'on avait, alors pas la peine de travailler, tout était perdu ! »

Réjouissons-nous donc d'avoir en le Maroc un ami de plus. Si les soldats teutons s'y étaient installés, nous aurions eu, à l'ouest de notre Algérie, un voisinage dangereux et une frontière de plus à défendre.

Gloire aux soldats et aux très grands chefs qui ont amené sur cette terre, dans les plis de nos trois couleurs sacrées, la plus fidèle amitié, la plus loyale protection et la prospérité dont le peuple marocain apprécie déjà les bienfaits.